HASHMAT EFFENDI

La Fiesta de Té de Izza

Una guía familiar sobre seguridad contra incendios y prevención de quemaduras

La Fiesta de Té de Izza

Una guía familiar sobre seguridad contra incendios y prevención de quemaduras

Copyright © 2021 Hashmat Effendi.
Ilustración: John Delaney
Traducción: Gina Ing y Gabriela Nomura

Tapa Dura: 978-1-6655-1980-9
Tapa Blanda: 978-1-6655-1981-6
Libro Electrónico 978-1-6655-1982-3

Disclaimer: Burn Prevention Campaign is not against tea. This campaign is a safety measure that intend to prevent burn injuries in children from hot tea. It is catered to teach parents to be careful while drinking tea.

Este libro está impreso en papel sin ácido.

Información de la imprenta disponible en la última página.

Publicado por AuthorHouse 03/15/2021

Para realizar pedidos de este libro, contacte con:
AuthorHouse™
1663 Liberty Drive
Bloomington, IN 47403
www.authorhouse.com
Phone: 833-262-8899

author HOUSE®

Dedicado a mi nieta, Izza Effendi, quien me ayudó a través de sus juguetes a crear personajes para esta historia.

Hashmat Effendi

Esta historia se centra en prevenir las quemaduras por escaldaduras y en los primeros auxilios en caso de escaldaduras

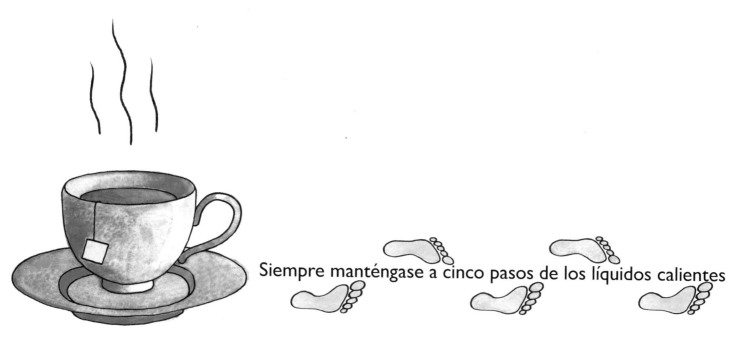

Siempre manténgase a cinco pasos de los líquidos calientes

Padre o madre
cuando veas esta marca

practica la prevención con tus hijos.

Izza se despertó temprano esta mañana.

Ella, su perrita y Sonu, su pájaro
¡brincaron con alegría!

¡Todos ellos saben que hoy Abuela
los ha invitado a una fiesta de té!

Izza, feliz, se alistó y caminó hacia la

casa de su abuela con su mamá,
con Ella y con Sonu.

Abuela abrió la puerta con alegría
y le dio un abrazo a Izza.

"¿Dónde está Abuelito?" preguntó
Izza emocionada.

"Está leyendo el periódico", respondió Abuela.

"Voy a la cocina a hacer un té", dijo luego.

Izza siguió a su abuela a la cocina.

"Abuelita, quiero ayudarle", dijo
Izza mientras miraba la estufa.

"Los niños siempre deben quedarse a
cinco pasos de la estufa," le dijo Abuela.

"¿Por qué Abuela? ¿Por qué los niños deben
mantenerse siempre alejados cinco pasos de
la estufa?"preguntó Izza con curiosidad.

"Es porque hay una tetera en la estufa que tiene agua caliente para el té y el agua caliente quema como el fuego", le explicó abuela a Izza.

"Además, el mango de la olla debe estar hacia atrás y la tetera debe estar en el quemador trasero," dijo Abuela.

"Ok abuela", asintió Izza con la cabeza.

Ahora Izza sabe que debe mantenerse
a cinco pasos de la estufa para
protegerse de las quemaduras.

Abuela puso la tetera en la mesa del comedor y le dijo a Izza:

"¡El té está listo! Voy a llamar a tu mamá y a tu abuelo."

En el momento que Abuela salió del comedor, Izza le dijo a Ella y a Sonu: "¡Vamos a comer el pastel! ¡Se ve delicioso!"

¡Izza jaló el mantel para tomar el pastel!

Cuando Ella y Sonu vieron a Izza hacerlo,

Ella empezó a ladrar, "guau, guau" y
Sonu empezó a piar, "pío, pío!"

Al escuchar el ruido la mamá de Izza

entró corriendo al comedor y gritó:

"¡Para Izza! ¡No jales el mantel! ¡El
té se derramará y te quemará!"

"¿No sabes que si el té caliente se derrama te puede quemar como el fuego?

Es muy doloroso y la cicatriz de la quemadura nunca desaparecerá.

Siempre mantente tú y tus amigos cinco pasos alejados de los líquidos calientes", dijo la mamá.

Izza le prometió a su familia: "¡Siempre me mantendré a cinco pasos del té caliente y les diré a mis amigos que hagan lo mismo!"

Encierra en un círculo la imagen de líquidos calientes.

Prueba de prevención de quemaduras

Encierre en un círculo "V" para verdadero o "F"
para falso después de cada pregunta

1. Los niños deben mantenerse a cinco pasos de una estufa caliente. V o F

2. El agua caliente quema como el fuego. V o F

3. Los niños deben mantenerse a un paso de los líquidos calientes. V o F

Premio a la Seguridad Contra Quemaduras

Adjudicado a

_____

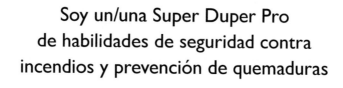

Soy un/una Super Duper Pro
de habilidades de seguridad contra
incendios y prevención de quemaduras

Ahora sé que
siempre debo quedarme a cinco pasos de distancia
de estufas calientes y líquidos calientes.
Los líquidos calientes queman como el fuego.

_____   _____

Pro Firma   Firma de los padres

La promesa del lector ahora:
Prometo mantenme siempre a cinco pasos de

líquidos calientes.

<u>Consejos para las madres y los padres</u>
La supervisión constante de un adulto es el factor más importante
en la prevención de quemaduras por escaldaduras.
¡Mantenga siempre a sus hijos a cinco pasos de los líquidos calientes!

El producto de la venta de *La Fiesta del té de Izza* se destinará a proporcionar tratamiento para quemaduras a niños de todo el mundo.

10802 Sugar Hill Drive, Suite A
Houston, TX 77042
Tel: 713-266-8002
www.houseofcharity.com

Correo electrónico: info@houseofcharity.com

Primeros Auxilios para las Quemaduras

✓ Enfríe la parte quemada simplemente con agua natural de la llave por 20 minutos y luego lleve al paciente a la sala de emergencia del hospital.

✗ No use hielo, agua helada, mantequilla, pasta de dientes ni cremas.

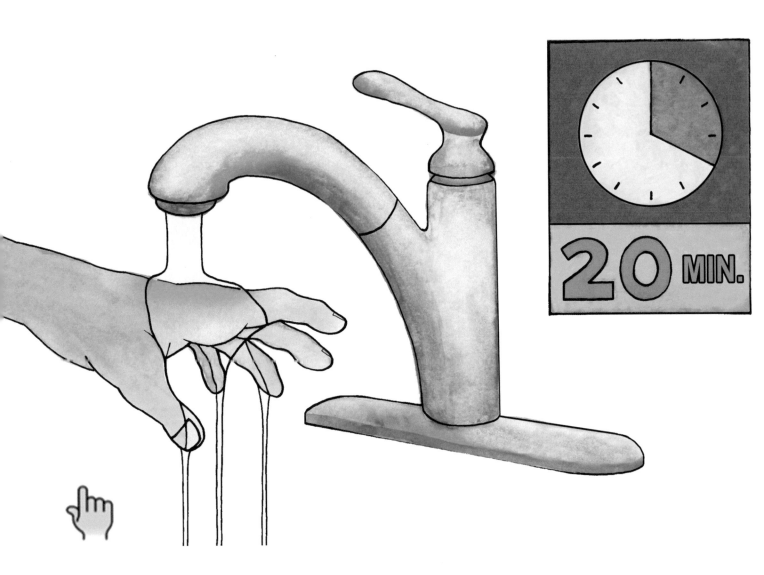

Printed in the United States
by Baker & Taylor Publisher Services